VENTE DU LUNDI 25 NOVEMBRE 1889

HOTEL DROUOT, SALLE N° 8

à trois heures

TABLEAUX ANCIENS

DE L'ÉCOLE HOLLANDAISE

Provenant de la Collection de M. X., de Cambrai

TABLEAUX

DES ÉCOLES FRANÇAISE, HOLLANDAISE ET ITALIENNE

Provenant de la collection de feu M. le Dr HELLIS, ancien médecin en chef

des hôpitaux de Rouen.

EXPOSITION PUBLIQUE

LE DIMANCHE 24 NOVEMBRE 1889

De une heure à cinq heures.

Ex. de Beurdeley

COMMISSAIRE-PRISEUR	EXPERT
Me Paul CHEVALLIER	M. Eug. FÉRAL, peintre
10, rue de la Grange-Batelière.	rue du Faub.-Montmartre, 54.

IMPRIMERIE D. DUMOULIN ET Cie

Rue des Grands-Augustins, 5, à Paris.

TABLEAUX ANCIENS

CATALOGUE

DE

TABLEAUX ANCIENS

DE L'ÉCOLE HOLLANDAISE

Provenant de la collection de M. X., de Cambrai

ŒUVRES DE

P. DE HOOGE, LINGELBACH, AD. OSTADE, MOUCHERON
J. STEEN, VANDE VELDE, TENIERS, ETC., ETC.

TABLEAUX ANCIENS

Provenant de la collection de feu M. le Dr HELLIS

Ancien médecin en chef des hôpitaux de Rouen

PARMI LESQUELS

LE CONCERT CHAMPÊTRE DE NICOLAS LANCRET

ET AUTRES ŒUVRES DE

P. Battoni, Boilly, de Hondt, Huysmans, Karel du Jardin, H. Robert.
Teniers, etc., etc.

DONT LA VENTE AURA LIEU

HOTEL DROUOT, SALLE N° 8

Le Lundi 25 Novembre 1889, à 3 heures.

COMMISSAIRE-PRISEUR	EXPERT
Me Paul CHEVALLIER	M. Eug. FÉRAL, peintre
10, rue de la Grange-Batelière.	rue du faubourg Montmartre, 54.

Chez lesquels se trouve le présent Catalogue.

EXPOSITION PUBLIQUE : le Dimanche 24 Novembre 1889
De une heure à cinq heures.

CONDITIONS DE LA VENTE

La vente sera faite au comptant.

Les acquéreurs payeront cinq pour cent en sus des enchères applicables aux frais.

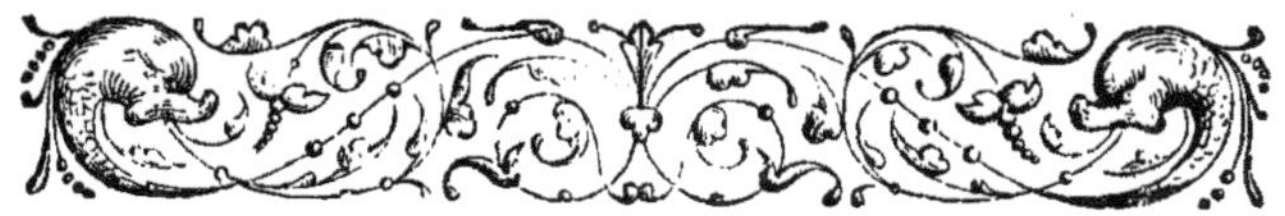

DÉSIGNATION

TABLEAUX ANCIENS

Provenant de la collection de M. X., de Cambrai

ALBERTINELLI

1 — *Le Christ en jardinier apparaissant à sainte Madeleine.*

Au second plan, la Résurrection.

> Toile. Haut., 58 cent.; larg., 47 cent.

CABEL (Vander)

2 — *Port de mer.*

Au premier plan, des bergers; au second, des bateaux marchands; plus loin, de riches constructions.
A droite, dans le fond, de grands rochers.
Beau et important tableau de l'artiste.

> Toile. Haut., 72 cent.; larg., 96 cent.

DOLCI (attribué à CARLO)

3 — *Sainte Cécile.*

Elle est vue à mi corps, tournée vers la droite; elle touche de l'orgue; un petit ange chante tenant une partition.

Toile. Haut., 82 cent.; larg., 65 cent.

GIORGIONE (attribué au)

4 — *Portrait d'un Seigneur vénitien.*

Il est de grandeur naturelle, vu jusqu'à la ceinture, coiffé d'une toque. La tête de face avec barbe; vêtement noir.

Toile. Haut.. 72 cent.; larg., 57 cent.

GUERCHIN

5 — *Saint François Stigmate.*

Il est assis dans une grotte, la main gauche appuyée sur une tête de mort
Un ange, les ailes déployées, joue du violon.
Très bonne peinture.

Toile. Haut., 1 m. 34 cent.; larg., 98 cent.

HAGEN (attribué à VANDER)

6 — *Parc aux environs de Bruxelles.*

Au premier plan, un cours d'eau et un pêcheur à la ligne; sur les côtés, des monticules boisés; vers le fond, un parc coupé par des haies et quelques constructions avec tourelles.

Bois. Haut.. 43 cent.; larg., 57 cent.

HEEM (attribué à J. DAVID de)

7 — *Fruits et objets divers.*

Des pêches sur un plat d'argent, un couteau, des raisins, un citron, un verre, etc.; le tout posé sur une table en partie couverte d'un tapis vert.

Bois. Haut., 39 cent.; larg., 55 cent.

Nous avons laissé à ce tableau l'attribution de D. de Heem puisqu'il porte le monogramme de l'artiste, mais, par son exécution fine et transparente et sa couleur chaude, il nous rappelle les œuvres de Abraham Van Beyeren.

HELST (attribué à BARTHOLOMEUS VANDER)

8 — *Portrait de femme âgée.*

Elle est debout, vue jusqu'aux genoux, vêtue d'une robe noire, les mains croisées à la ceinture.

Toile. Haut., 1 m. 10 cent.; larg., 88 cent.

HOOGE (Pierre de)

9 — *Le Concert.*

Une jeune femme, assise au centre, tient une partition et se dispose à chanter; près d'elle, un jeune homme va l'accompagner du clavecin et une jeune femme accorde sa mandoline.

Au second plan, une servante se présente à une porte tenant un verre.

Signé en toutes lettres.

Toile. Haut., 64 cent.; larg., 74 cent.

LINGELBACH

10 — *La Chasse aux faucons.*

Des chasseurs sont arrêtés dans un paysage suivis de leurs chiens et accompagnés de plusieurs valets; l'un d'eux est monté sur un cheval blanc; l'autre, ayant quitté sa monture, debout auprès d'une jeune femme, suit des yeux les faucons lancés à la poursuite d'une cigogne.

Très bon tableau, signé.

Bois. Haut., 38 cent.; larg., 44 cent.

LINGELBACH

11 — *Les Danseurs.*

Des villageois sont arrêtés devant une auberge italienne,
ils paraissent avoir fini leur repas ; l'un d'eux danse avec
une jeune femme.

Deux musiciens jouent de la flûte et de la cornemuse.

Tableau important.

Toile. Haut., 88 cent.; larg., 82 cent.

MIERIS (WILLEM)

12 — *Vertumne et Pomone.*

La déesse, assise au pied d'un arbre et tenant une fau-
cille, est vêtue d'une robe de satin blanc laissant les épaules
et les bras nus, elle écoute, d'un air distrait, Vertumne qui
cherche à la séduire.

A gauche, la vue s'étend sur un parc orné de statues. Un
paon est perché sur une balustrade de pierre.

Fin et gracieux tableau de l'artiste. Signé en toutes
lettres.

Bois. Haut., 44 cent.; larg., 36 cent.

MOUCHERON (Fréderic) et LINGELBACH

13 — *Vue prise dans un parc.*

Au centre, un grand vase orné de bas-relief. A droite, des
chasseurs, avec leurs chiens, sont assis buvant et causant.
Vers le fond, à gauche, une fontaine.
Très bon tableau, d'une parfaite conservation.

Toile. Haut., 55 cent.; larg., 45 cent.

MOUCHERON (Fréderic) et VAN DE VELDE (Adrien)

14 — *Paysage accidenté avec château-fort.*

Des bergers conduisent un troupeau de vaches et de
moutons sur un chemin qui descend au bord d'un cours
d'eau. A droite, de grands arbres. Vers le fond, un château
avec tour crénelée. A l'horizon, de hautes montagnes.

Toile. Haut., 80 cent.; larg., 62 cent.

MOUCHERON (Fréderic) et VAN DE VELDE (Adrien)

15 — *Le Retour à la ferme.*

Le premier plan est ombré par de grands arbres qui
s'élèvent au dessus d'un monticule. Deux bergers chassent,
vers la droite, un troupeau de vaches, chèvres et moutons
éclairés par un vif rayon de soleil. Sur la gauche, un cours
d'eau; à l'horizon, des collines.

Toile. Haut.. 48 cent.; larg., 54 cent.

OCHTERVELDT (Van)

16 — *La Toilette.*

Une jeune fille, vêtue d'une robe de satin blanc, lit une lettre pendant que sa femme de chambre arrange sa coiffure, un chien épagneul est couché à ses pieds.

Au second plan, une servante, vue de dos, porte des rafraîchissements sur un plat. A droite, une chaise et une table sur laquelle est jeté un tapis de Turquie.

Bon tableau de l'artiste.

Toile. Haut., 86 cent.; larg.. 75 cent.

OMMEGANCK (Balth. P.)

17 — *Animaux dans un Paysage.*

Quatre moutons se reposent au premier plan; les uns éclairés par un vif rayon de soleil, les autres à l'ombre d'un tertre sur lequel se trouve une chèvre. A droite, le berger assis. jouant avec son chien.

Signé et daté 1794.

Bois. Haut., 36 cent.; larg., 31 cent.

OMMEGANCK (attribué à B. P.)

18 — *Animaux dans un Paysage.*

Une paysanne, tenant un rateau, cause avec un villageois monté sur un cheval.

Au centre, des vaches au repos ; à droite, un petit berger conduisant un troupeau de chèvres et de moutons.

Bois. Haut., 60 cent.; larg., 88 cent.

OSTADE (ADRIEN VAN)

19 — *Intérieur de Tabagie.*

Trois bons paysans causent, fument et boivent, assis autour d'une table; au second plan, auprès d'une fenêtre, deux autres personnages se versent à boire pendant qu'une femme prépare des mets.

Fin et précieux petit tableau, signé en toutes lettres.

Il est porté dans le catalogue raisonné de Smidt.

Bois. Haut., 29 cent.; larg., 25 cent.

OSTADE (ADRIEN VAN)

20 — *Un fumeur.*

Assis, vu de face, coiffé d'un bonnet noir, il regarde le spectateur et tient sa pipe.

A sa gauche, un tonneau sur lequel est un réchaud.

Bois. Haut., 26 cent.; larg., 21 cent.

STEEN (Jan Van)

21 — *Antoine et Cléopâtre.*

La reine est assise au premier plan, adossée à une table
où se trouvent les restes d'un somptueux repas, elle tient un
verre de la main gauche, et de la main droite la perle. An-
toine la regarde avec surprise.

Au second plan, des soldats et de nombreux serviteurs.

Fin et précieux tableau, signé en toutes lettres.

Bois. Haut., 42 cent.; larg., 37 cent.

TENIERS (David) le fils

22 — *La Lecture de la gazette.*

Trois villageois sont réunis dans un intérieur; l'un, vu de
face tenant une canette et un verre, regarde d'un air joyeux
un jeune homme faisant une lecture.

Tableau signé.

Forme octogone.

Bois. Haut., 29 cent.; larg., 24 cent.

WYNANTS (Jan)

23 — *Paysage.*

Au premier plan, un chemin sinueux où se reposent des villageois avec leurs enfants; plus loin, un cavalier.

Vers le fond, une riche habitation au bord d'une rivière·

A droite et à gauche, de grands arbres.

Très bon Tableau du maître.

Toile. Haut., 64 cent.; larg., 83 cent.

TABLEAUX ANCIENS

Provenant de la collection de feu M. le Dr HELLIS

AUBRY

24 — *La Surprise.*

Une jeune fille, assise et lisant devant une fenêtre, est surprise par un jeune homme qui lui saisit le bras et lui baise la main ; elle paraît effrayée, entendant sa mère descendre l'escalier.

Gracieuse composition.

Toile. Haut., 44 cent.; larg., 55 cent.

BATTONI (POMPÉO)

25 — *Marc Antoine.*

Le héros est étendu mourant sur un lit de repos. Cléopâtre, les épaules nues, les cheveux blonds serrés par une couronne, se penche vers lui, le pressant dans ses bras et essuyant sa blessure.

Une servante en pleurs est accoudée à la tête du lit du mourant.

Belle peinture, d'une couleur harmonieuse et d'une exécution remarquable.

Toile. Haut., 74 cent. ; larg., 1 m.

BELLANGÉ (Hip.)

26 — *Le Maréchal-Ferrant.*

Des soldats traversent un village; l'un d'eux s'est arrêté
et fait ferrer son cheval. A droite, deux enfants jouent avec
un chien.

Très fin tableau de l'artiste.

Signé et daté 1841.

Bois. Haut., 31 cent.; larg., 40 cent.

BLANCHARD

27 — *La Nativité.*

La Vierge et saint Joseph sont en adoration devant l'enfant Jésus couché sur une litière. Deux petits anges, tenant
une banderole, voltigent au-dessus.

Toile. Haut., 60 cent.; larg., 49 cent.

BOILLY (Louis)

28 — *Allégorie.*

Une jeune femme, debout dans un paysage, pose une
couronne sur la tête d'un jeune garçon portant les emblèmes
de l'amour. Une fillette en robe bleue est agenouillée
devant lui.

Fine peinture de l'artiste.

Bois. Haut., 19 cent.; larg., 13 cent.

BURCK (Van der)

29 — *Vue de Tivoli.*

> Toile. Haut., 25 cent.: larg., 42 cent.

CARRACHE (Annibal)

30 — *La Sainte Famille au repos.*

Cette composition a été gravée.

> Toile. Haut., 37 cent.; larg., 25 cent.

DE TROY (J. F.)

31 — *Portrait de Jeune femme.*

Vue jusqu'à la ceinture, les cheveux poudrés, robe de brocart décolletée avec manteau de velours bleu.

> Toile ovale. Haut., 75 cent.; larg. 60 cent.

DU JARDIN (Karel)

32 — *Site d'Italie.*

Des vaches et des moutons se reposent sous la garde de deux bergers. Au second plan, une rivière coule au pied de rochers escarpés surmontés de constructions en ruine.

> Toile. Haut., 45 cent.; larg., 55 cent.

ELZHEIMER (ADAM)

33 — *Saint Jean prêchant dans le désert.*

Bois. Haut., 12 cent.; larg., 15 cent.

FRANCK (DOM)

34 — *La Résurrection.*

Peinture sur marbre.

Toile. Haut., 26 cent.; larg., 21 cent.

GOYEN (JAN VAN)

35 — *Vue de Hollande.*

Un village au bord d'une rivière; sur la droite, l'église.
Au second plan, trois pêcheurs dans un bateau.

Bois. Haut., 32 cent.; larg., 52 cent.

HONDT (P. de)

36 — *Armée en marche.*

De nombreux cavaliers traversent un village, ils passent
sur un pont longeant un chemin sinueux et accidenté. Au
premier plan, une charrette traînée par trois chevaux gra-
vissant un coteau et passant au bas d'un talus surmonté de
grands arbres.
Fin et beau tableau.

Toile. Haut., 60 cent, larg., 83 cent.

HUBERT ROBERT

37 — *Monuments en ruines.*

A droite, une fontaine à colonnes avec une statue d'Apollon dans une niche; des femmes prennent de l'eau dans une large vasque de marbre. Un villageois se repose sur des débris de colonne : dans le fond, un temple.
Ravissant petit tableau, d'une parfaite conservation.
Signé et daté.

Toile. Haut., 31 cent.; larg.. 40 cent.

HUYSMANS (CORNEILLE) dit de MALINES

38 — *Paysage.*

Sur la droite, des terrains éboulés éclairés par un rayon de soleil; sur la gauche, trois vaches et quelques villageois.
Vers le fond, une chaumière entourée de grands arbres.

Toile. Haut., 56 cent.; larg., 48 cent.

LANCRET (NICOLAS)

39 — *Le Concert champêtre.*

Une joyeuse compagnie, composée de douze personnages, s'est groupée dans un parc: les jeunes femmes, coquettement habillées en costume de soie rose et bleue, petits chapeaux à rubans, toques sur l'oreille, chantent en chœur.

Un des jeunes gens, costumé en pierrot, les accompagne avec la flûte, un autre avec une guitare.

L'une des jeunes femmes, assise au centre, tient sur ses genoux une partition.

Composition pleine de charme, ayant la grâce et l'esprit des plus belles œuvres de l'artiste.

Conservation parfaite.

Toile. Haut., 47 cent.; larg., 56 cent.

LE BRUN (attribué à Mme Vigée)

40 — *Portrait d'un Gentilhomme.*

Vu à mi-corps, les cheveux poudrés, habit de soie violet, jabot de dentelles.

Toile ovale. Haut., 70 cent.; larg., 5r cent.

LEMONNIER

41 — *La mort de Cléopâtre.*

Très belle esquisse, d'une remarquable franchise d'exécution.

Toile. Haut., 71 cent.; larg., 5o cent.

MEULEN (P. Van der)

42 — *Bataille.*

Un combat acharné est livré au premier plan entre cavaliers, plusieurs gisent sur le sol. Vers le fond les combattants sont cachés par la fumée de la poudre. Bon tableau de la plus fine qualité.

Toile. Haut., 46 cent.; larg., 56 cent.

NEER (Arthur van der)

43 — *Vue de Hollande. — Effet de soleil couchant.*

Sur le devant, des pêcheurs, au bord d'une rivière qui fuit par le fond bordée par les maisons d'un village; à gauche, de grands arbres dont le feuillage se détache sur un ciel nuageux.

Bois. Haut., 27 cent.; larg., 37 cent.

POEL (Van der)

44 — *Intérieur d'écurie.*

A gauche, un cheval au ratelier. Sur le devant, une selle. Au second plan, un enfant vu de dos. Vers le fond la porte de l'écurie donnant sur une cour.

Bois. Haut., 37 cent.; larg., 47 cent.

RIGAUD (attribué à Hyacinthe)

45 — *Bacchanale.*

Des faunes et des bacchantes sont réunis devant un temple à colonnes; les uns étendus au premier plan boivent, les autres dansent, jouent de la flûte et battent des cymbales. Vers la gauche, trois jeunes bacchants jouent auprès d'une fontaine.

Toile. Haut., 86 cent.; larg., 1 m. 14 cent.

Restout

~~RUYSDAEL (École de)~~

46 — *Les Pèlerins d'Emmaüs.*

Placés à droite et à gauche, ils regardent avec surprise le Christ dans un rayon lumineux. Au premier plan, des vases d'or et d'argent.

Toile. Haut., 51 cent.; larg., 63 cent.

Rigaud (attribué à)

~~POUSSIN (attribué à Nicolas)~~

47 — *Portrait de Madame Koller.*

Elle est assise, vue jusqu'aux genoux, vêtue d'une robe jaune décolletée avec grand manteau bleu; des fleurs et des fruits sont placés près d'elle.
Fin et précieux petit portrait.
Gravé.

Toile. Haut., 31 cent., larg., 24 cent.

Ruysdael (École De)

~~RESTOUT~~

48 — *Chemin traversant un bois.*

Au centre, un villageois portant un paquet est suivi de son chien.

Bois. Haut., 30 cent.; larg., 25 cent.

STEEN (d'après J AN)

49 — *La Pauvre famille.*

Toile. Haut., 35 cent.; larg., 3o cent.

TENIERS (D AVID)

50 — *La Grotte.*

Elle est sur la gauche, creusée dans le roc. A l'entrée, deux religieux parlent à un paysan. Sur la droite, un chemin avec deux villageois suivis de leur chien.
Bon tableau signé du monogramme.

Bois. Haut., 35 cent.; larg., 5o cent.

TENIERS (genre de D.)

(DEUX PENDANTS

51 — *Paysages avec chaumières et villageois.*

Bois. Haut., 13 cent.; larg., 16 cent.

WOUVERMAN (PIERRE)

52 — *Bataille.*

Plusieurs cavaliers s'attaquent au premier plan; sur la droite, un trompette sonne le rappel. Vers le fond, des rochers surmontés d'une forteresse.

Bois. Haut., 34 cent.; larg., 43 cent.

WOUVERMAN (genre de)

53 — *La Halte.*

Des cavaliers, arrêtés devant une auberge, se font servir à boire; plusieurs d'entre eux, ayant quitté leurs montures, regardent danser une bohémienne. Au second plan, des paysannes et des villageois arrêtés au bord d'une rivière.

Toile. Haut., 68 cent.; larg., 90 cent.

ECOLE ESPAGNOLE

54 — *Le rêve de Jacob.*

Il est étendu, la tête de profil est appuyée sur un rocher. Au second plan, les anges, dans un rayon lumineux, placés sur les degrés de l'échelle.

Toile. Haut., 57 cent.; larg., 71 cent.

Imprimerie D. Dumoulin et Cie, à Paris.